¡Está bien preguntar!

Ilustrado por Nancy Carlson

Gillette Children's • Saint Paul, Minnesota

Este libro está dedicado en agradecimiento a las familias de Gillette Children's, quienes compartieron sus experiencias y se aseguraron, ante todo, de que escribiéramos un libro honesto.

Este libro también está dedicado a cualquier niño que se haya sentido alguna vez diferente, y a cualquier padre al que le hayan hecho alguna vez una pregunta difícil de responder.

Gillette Children's Healthcare Press
200 University Avenue East
Saint Paul, MN 55101

gillettechildrenshealthcarepress.org
healthcarepress@gillettechildrens.com

LCCN 2022951301

ISBN 978-1-952181-08-5

book bridge press

Este libro fue elaborado por Book Bridge Press.
bookbridgepress.com

Tienes muchas preguntas, y eso está bien.

No tienes que estar asustado, ni preocupado, ni triste por nosotros.

Somos niños igual que tú.

Así que adelante, ¡pregunta!

¿Puede tu silla
ir rápido?

Sí, mi silla de ruedas va muy rápido. Hasta me ayuda a hacer ballet.

Soy Maya, y soy
¡ELEGANTE!

¿Podemos jugar con tu tableta?

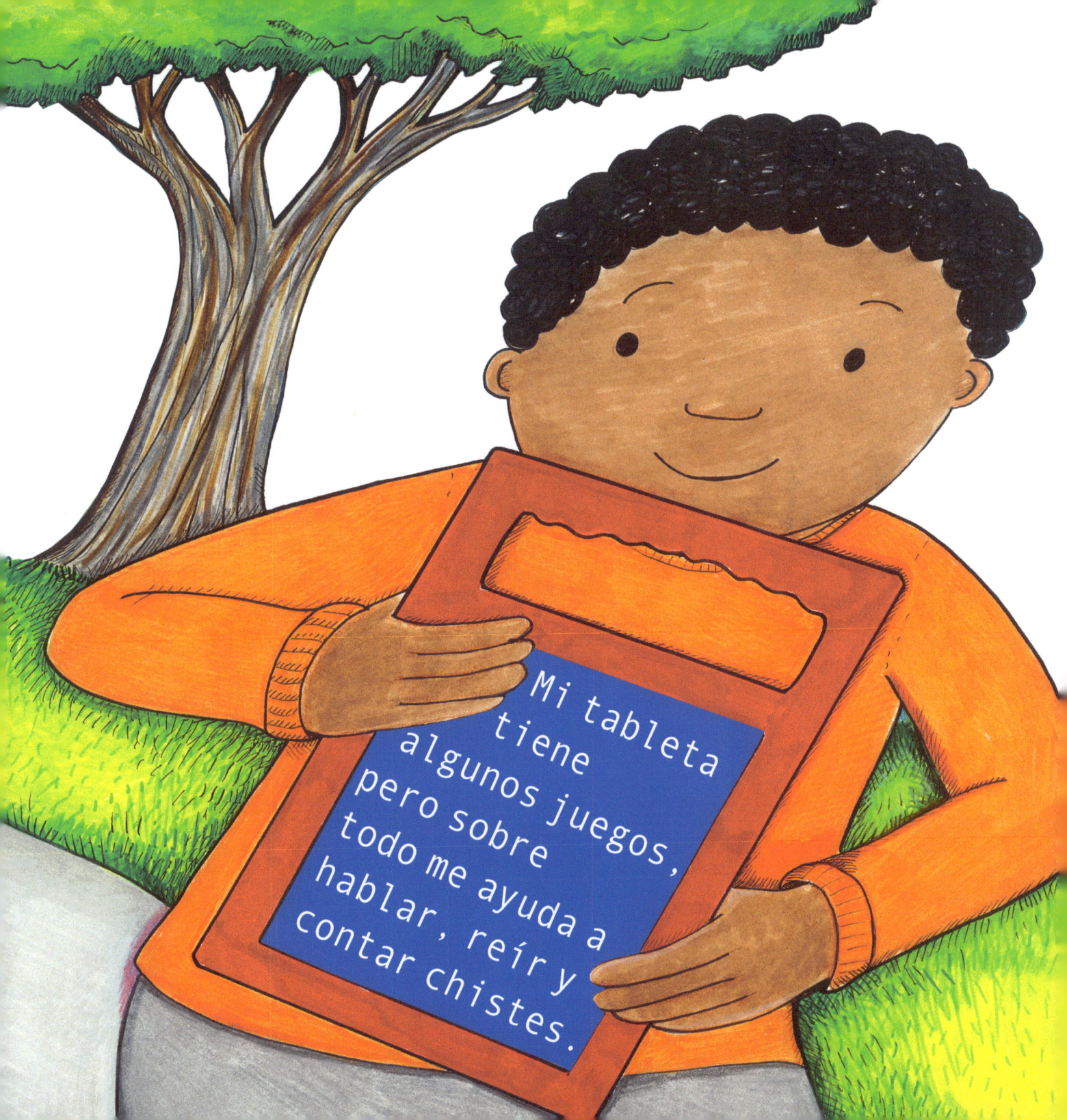

Mi tableta tiene algunos juegos, pero sobre todo me ayuda a hablar, reír y contar chistes.

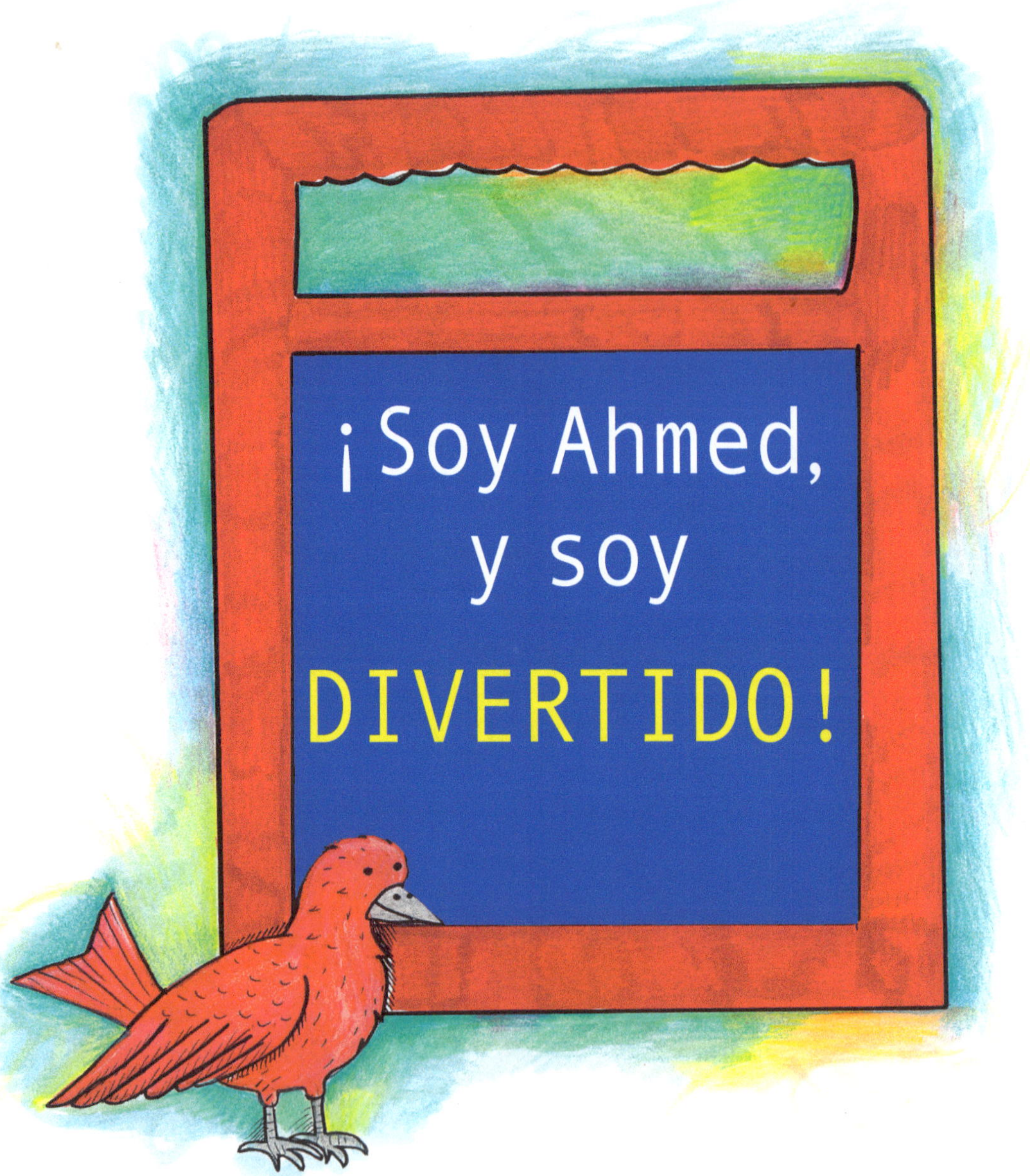
¡Soy Ahmed,
y soy
DIVERTIDO!

¿Qué le
dice un cero
a otro cero?
¡No somos nada!

¿Por qué tienes eso en tus piernas?

Estos aparatos me ayudan a caminar.
Hasta puedo correr rápidamente con ellos.

Soy Tran,
y soy
¡AVENTURERO!

¿Qué es eso?

Esto es un andador. Lo uso para moverme, como para ir a mi lugar favorito, la biblioteca.

¡Soy Gabriela, y soy INTELIGENTE!

¿Qué tipo de bicicleta es esa?

Esta es una bicicleta especial que me ayuda a mantener el equilibrio. ¡Vamos a dar un paseo!

¡Soy Carter,
y soy
AMIGABLE!

¡Ahora tenemos algunas preguntas para ti!

¿Te gusta el helado?

¿Te gustan las nueces?

¿Prefieres leer libros o jugar al aire libre?

¿Cuál es tu dinosaurio favorito?

¿Te gustan los perros?

¡Guau!

Esta es la mejor pregunta de todas...

¿Quieres que seamos amigos?

Guía de conversación para la lectura en voz alta

¡Está bien preguntar! muestra a los niños a cinco amigos que tienen discapacidades o condiciones médicas complejas. A estos jóvenes personajes les encanta leer, jugar, contar chistes y hacer nuevos amigos. Use esta guía para ayudar a su hijo a ver más allá de la discapacidad de una persona, a desarrollar una actitud de aceptación y a formar opiniones positivas a través de la amistad. Al preguntar y conocer a los personajes de este libro, los niños descubrirán que son más parecidos que diferentes, y que personas con todas las capacidades pueden ser amigos.

Antes de leer

Lee el título del libro y mira la portada: ¿qué ves en la portada? ¿Quiénes son las personas de la imagen? ¿Qué están haciendo? ¿De qué crees que trata este libro?

Habla de la amistad: ¿qué significa ser un amigo? (Los amigos comparten intereses, juegan, aprenden cosas nuevas y se divierten juntos. También se ayudan entre sí). ¿Qué te gusta hacer con tus amigos?

Introduce la historia: ¿alguna vez has sentido curiosidad por las personas y les has hecho preguntas? En este libro conocerás a cinco nuevos amigos y a unos niños que sienten curiosidad por ellos. Cada vez que tengas una pregunta, recuerda que está bien preguntar. ¿Listo? ¡Conozcamos a nuestros nuevos amigos!

Durante la lectura

Haz predicciones: cuando conozcas a cada amigo, un niño hará una pregunta. Antes de pasar la página, pregunta: ¿qué crees que pasará después? ¿Qué harán los amigos? ¿A dónde irán? ¿Serán amigos? Pasa la página y lee para descubrirlo. ¿Qué pasó? ¿Adivinaste? Si no, ¿qué te sorprendió?

Observa las similitudes y las diferencias: ¿en qué te pareces a los niños del libro? ¿También te gusta bailar, andar en bicicleta, leer? ¿Qué más? ¿En qué te diferencias de ellos? ¿Giras de puntillas mientras Maya gira sobre sus ruedas? ¿Vas en una bicicleta de dos ruedas mientras que Carter va en una de tres?

Consejos para la lectura

- Relájese y tómese su tiempo para leer.
- Deje que su hijo tome el libro y pase las páginas.
- Pídale a su hijo que describa lo que hay en cada página.
- Incluya vocabulario que nombre los aparatos que los niños usan. (Consulte el Glosario de términos).
- Hable de las experiencias personales de su hijo en relación con su charla.

Después de leer

Pregunta sobre algo diferente: a veces las personas se dan cuenta de que hay algo diferente en nosotros, y a veces no. Podemos ver que Gabriela necesita su andador para moverse, pero puede que nos sorprenda saber que Ahmed necesita su tableta para hablar porque al principio no pudimos verlo. Muchas veces los niños sienten curiosidad por los demás y quieren hacer preguntas. Tal vez uses lentes o un audífono. Tal vez tengas una venda, un yeso o puntos de sutura. Cuando las personas te ven por primera vez, ¿qué podrían ver de diferente en ti? ¿Qué es lo que no ven diferente en ti? ¿Qué te preguntan o dicen? ¿Cómo te sientes cuando te preguntan? ¿Por qué? ¿Qué te gustaría que te preguntaran?

Piensa en cómo nos ayudan los proveedores de atención médica: los médicos, enfermeros, fisioterapeutas y otros profesionales médicos ayudan a que nuestro cuerpo sea más fuerte y saludable. Los médicos, los enfermeros y los ortesistas de Tran lo ayudan con sus piernas para que pueda caminar y correr mejor. El fisioterapeuta de Carter lo ayuda a fortalecerse para que pueda andar en su bicicleta adaptada. ¿Cómo te ayuda tu médico, enfermero u otro proveedor de atención médica?

Descubre qué herramientas nos ayudan: los niños usan todo tipo de herramientas que los ayudan a hacer cosas. Maya usa una silla de ruedas para bailar, y Ahmed usa una tableta para hablar. ¿Qué tipo de herramientas te ayudan? ¿Llevas casco para protegerte la cabeza cuando vas en bici o en scooter? El asiento de tu auto, ¿te protege y te ayuda a ver por la ventana? ¿Tienes una mochila que te ayude a llevar el material escolar? ¿Usas lentes para ver mejor? ¿Alguna vez te has subido a un taburete para poder llegar a lugares altos?

Aprende a hacer amigos: imagina que algunos de los niños del libro se mudaron a tu barrio y quieres que sean amigos. ¿Qué te gustaría hacer con ellos? ¿Cómo los invitarías a jugar? ¿Qué les dirías?

Actividades para repetir la lectura

- Lea el libro como una obra de teatro. Pídale a su hijo que lea un personaje (preguntando o respondiendo) y usted lea el otro.

- Juegue al "veo veo" en la imagen del parque. Encuentre y nombre a los cinco amigos. Encuentre la mariposa, el perro, etc.

- Describa las emociones que expresan cada uno de los niños y cómo cambian esos sentimientos más adelante.

Acerca de Gillette Children's

Gillette Children's atiende a pacientes con algunas de las condiciones más complejas, raras y traumáticas de la medicina pediátrica, como parálisis cerebral, epilepsia, espina bífida y anomalías craneofaciales. A diferencia de otros hospitales infantiles, en Gillette no hablamos normalmente de curas, porque muchas d las condiciones que tratamos son permanentes y requieren cuidados de por vida. Sabemos que, con una intervención médica y quirúrgica innovadora y el apoyo de profesionales médicos expertos, los niños que tienen estas condiciones pueden desarrollarse y llevar una vida feliz, saludable y productiva.

Apoye nuestro trabajo

Como organización independiente sin fines de lucro, Gillette depende de las contribuciones de las personas, empresas y organizaciones para impulsar nuestro trabajo. El apoyo de los donantes es la base d la investigación, la defensa y la atención excepcional que ofrece Gillette. Puede hacer la diferencia en las vidas de los niños y las familias a las que servimos si hace su donación hoy en gillettechildrens.org/donat

Acerca de la ilustradora

Nancy Carlson ha escrito e ilustrado más de 60 libros de cuentos ilustrados. Su especialidad es enseñarles a los niños a sentirse bien con ellos mismos y con los demás. Los lectores aseguran reconocerse a sí mismos y a sus amigos en los personajes que logran triunfar en las situaciones cotidianas. Cada historia ayuda a los jóvenes lectores a enfrentarse a la vida y les enseña los valores básicos de la honestidad, la determinación y la confianza en sí mismos.

Nancy vive en Minneapolis, Minnesota. Tiene tres hijos mayores y dos nietas. Además de escribir e ilustrar libros infantiles, expone sus obras en diversas galerías y museos. Puede consultar los libros y las obras de Nancy en su sitio web, nancycarlson.com, y seguirla en Twitter y Facebook.

Glosario de términos

Bicicleta adaptada

Una bicicleta especialmente adaptada al cuerpo y a las capacidades del niño. Los niños tienen muchas capacidades diferentes, por lo que hay muchos tipos de bicicletas adaptadas. Ayudan a los niños a divertirse mientras se mueven con seguridad.

Ortesis de pierna (también conocidas como ortesis de tobillo y pie, o AFO)

Aparatos ortopédicos de plástico moldeados a la medida del niño y que se ponen alrededor de la parte inferior de las piernas para que puedan estar de pie, caminar y correr. Las ortesis mantienen el tobillo y el pie en la posición correcta para un mejor apoyo. Algunos niños usan ortesis en las piernas hasta que sus huesos terminan de crecer; otros las usan por más tiempo. Los niños pueden elegir divertidas decoraciones para poner en sus aparatos.

Silla de ruedas motorizada
(también conocida como silla de ruedas eléctrica)

Una silla móvil con ruedas y frenos que funciona con una batería. Está hecha a la medida de cada niño. También está hecha para niños zurdos o diestros para que puedan conducirla ellos mismos. A veces los niños pueden llevar sus libros y juguetes en la silla. Nunca empuje a alguien que usa una silla de ruedas sin antes preguntar.

Tableta (también conocida como dispositivo de comunicación aumentativa y alternativa, o ACC)

Una computadora pequeña y fácil de llevar que ayuda a los niños a hablar y comunicarse. Usa letras, palabras y símbolos. La voz electrónica dice lo que el niño escribe en la pantalla de la tableta.

Andador

Una herramienta que usan los niños para poder mantener el equilibrio o apoyarse para caminar de forma más segura. Pueden ponerle "stickers" u otros adornos.

www.ingramcontent.com/pod-product-compliance
Lightning Source LLC
Chambersburg PA
CBHW061146030426
42335CB00002B/120